Antje Leschonski
Engel, Fisch und falsche Bärte

Engel, Fisch und falsche Bärte

Bilder und Geschichten aus märkischen Kirchen

Herausgegeben von Antje Leschonski

Wichern-Verlag

Antje Leschonski, Buchhändlerin,
ist Mitglied der Initiative „Dorfkirchensommer in Brandenburg".

© Wichern-Verlag GmbH, Berlin 2008
Gestaltung: wichern-design, Dietmar Silber
Umschlagfoto: Thomas Goethe
Satz: NagelSatz, Reutlingen
Druck: Medialis Offsetdruck GmbH, Berlin
Buchbinder: Stein + Lehmann, Berlin
ISBN 978-3 -88981-252-0

Inhalt

Vorwort

*I*mmer wieder kann man in märkischen Kirchen Figuren und Gegenstände entdecken, an die ein Großstädter nicht einmal im Traum gedacht hat. Da werden weibliche Heiligenfiguren mittels angeklebter falscher Bärte in würdige Evangelisten verwandelt; eine Figur, die einen Koch darstellt, lehnt mit einem großen Kochlöffel nicht weit vom Altar an einem mächtigen Leuchter und anderswo entdeckt man einen seifenblasenden, pausbäckigen Putto. In einer havelländischen Dorfkirche hängt ein ehemaliger Taufengel, dem irgendwann die Taufschale abhanden gekommen ist und der nun einen mehrarmigen Leuchter in Händen hält. Eindrucksvoll auch der Engel aus Neuzelle, der einen großen Fisch im Arm hält.

Neugierig geworden, hielt ich bewusst Ausschau nach weiteren Merkwürdigkeiten, sammelte sie und beschloss sie in einem neuen Buch zu veröffentlichen. Wertvolle Hinweise auf andere seltsame und seltene Figuren folgten. So entstand der Arbeitstitel „Curiosa", der im schließlich gewählten Titel der Sache nach noch anklingt. Wie schon in meinen vorigen Büchern ist jedem Bild ein Text zugeordnet. Manchmal tritt erst beim Lesen die Besonderheit eines Bildes hervor.

Ich danke allen, die dieses Buch ermöglicht haben: die Fotos gemacht haben und dafür manchmal weit übers Land gefahren sind, die mit Kenntnis und Einfühlungsvermögen die Bilder kommentiert und dabei auch kleine Episoden aus der brandenburgischen Geschichte erzählt haben. Und ich danke den Mitarbeiterinnen des Wichern-Verlags, die die Entstehung dieses Buches mit Rat und Tat begleitet haben.

Und nun wünsche ich allen, die dieses Buch in die Hand nehmen, dass sie beim Betrachten und Lesen zu lächeln beginnen und denken: Ich habe ja gar nicht gewusst, was es in diesen Kirchen alles gibt!

Antje Leschonski
Im Frühjahr 2008

Brief an einen Engel

$\mathcal{L}$ieber schwebender Engel von Liepe,

man merkt es sofort: Mit Dir stimmt etwas nicht. Der achtarmige Messingleuchter ist viel zu schwer. Deine rechte Hand musste offensichtlich verstärkt werden. Sie war ursprünglich genauso zart und feingliedrig wie die linke, als sie nur eine kleine muschelförmige Taufschale zu halten hatte. Du dientest nämlich ursprünglich als Taufengel im Altarbereich der alten Kirche und hattest in ihr nur eine leichte muschelförmige Schale für das Taufwasser zu halten. Irgendwann im 18.Jahrhundert wollte man Dich aber in dieser Funktion nicht mehr haben. Du wurdest einfach auf den Dachboden der Kirche entsorgt. Beim Neubau allerdings hat der Patron und Bauherr Friedrich-Ludwig Wilhelm Graf von Bredow dafür gesorgt, dass Du wieder zu Ehren kamst – jetzt als Leuchter-Halter, der durch das Kirchenschiff schwebt. Das war im Jahre 1881.

Für diese Rettungsaktion muss man dem Grafen von Herzen dankbar sein. Denn Du bist sehr schön. Mit freundlichen, großen blauen Augen begegnest Du dem Blick des Betrachters. Du bist eine Kostbare. Das zeigen der blütenförmige Schmuck und die kunstvoll zu Flügeln zusammengefügten Federkiele – beides aus Gold. Absolut faszinierend aber ist Dein Kleid – zweiteilig in tiefdunklem Blau, dazu ein breit fallender Schal in leuchtendem Rot um den rechten Oberarm geschlungen und von dort im Rücken nach unten geführt, vorne dann mit einem großen lockeren Knoten zusammengefasst. Die rechte Brust bleibt dabei frei.

Lieber Engel, man hat Dich im Laufe Deines Daseins entsorgt, zweckentfremdet und umfunktioniert. Aber Dein aufregender Chic und Dein zwingender Charme haben alles überdauert.

Herbert Volker

Liepe, Landkreis Havelland, Dorfkirche
Schwebender Taufengel, Mitte 18. Jahrhundert
Foto: Heike Schulze

Bruder Koch

*G*ibt es hier irgendwo eine Suppenküche?

Wenn man die Sandsteinfiguren im Havelberger Dom betrachtet, zu Füßen des großen Sandsteinleuchters, könnte man auf die Idee kommen, danach zu fragen. Mit einem riesigen Kochlöffel in der Hand steht er da, der Bruder Georg oder Franz oder wie immer er geheißen haben mag. Im schmucklosen Gewand einer Mönchskutte, die um den Leib nur mit einem einfachen Strick zusammengerafft ist, einer Bundhaube auf dem Kopf und am Gürtel Messer und Almosenbeutel.

Hinzu kommt, dass er in der ausgestreckten Hand etwas Essbares hält. Es sieht aus wie eine Kartoffel oder eine Frucht – genau kann man es nicht erkennen. Zu sehen ist nur, dass er es dem Kellermeister, der zweiten, hinter dem Leuchter verborgenen Figur hinüberreicht. Die beiden arbeiten offensichtlich gut zusammen. Also noch einmal: Gibt es hier irgendwo eine Suppenküche?

Die Antwort lautet Ja! Denn im Kloster, das sich direkt am Dom anschließt und das man von außen für ein weiteres Kirchenschiff halten könnte, wurde natürlich auch gekocht. Dort konnte der im Sandstein verewigte Bruder seine kulinarischen Kenntnisse an den Mann – genauer: an den confrater – bringen.

Die Ordensregel hatte nichts dagegen einzuwenden. Seit das Generalkapitel im Jahr 1219 die strengen Speisevorschriften erleichtert hatte, durften auch Mönche Fleischspeisen genießen, die allerdings vorher fein säuberlich tranchiert werden mussten. Dass „Bruder Koch" mit dem rundlichen Kindergesicht darauf vorbereitet war, beweist das Messer am Gürtel.

Sein Blick aber geht – wie sollte es anders sein? – in die Höhe. Die abgeplatzten hellen Stellen auf der Nase und der Wange lassen sich mit einigem guten Willen als von oben hereinfallendes Licht interpretieren. Nichts und niemand, so könnte die Botschaft lauten, steht außerhalb der geistlichen Sphäre. Wer sich mit dem leiblichen Wohl befasst, dient zugleich auch dem himmlischen. Damit erhält der mit seiner sehr irdischen Kunst befasste Klosterbruder eine im Wortsinn tragende Funktion an diesem sakralen Ort.

Henrik Leschonski

Havelberg, Dom
Figur an einem Sandsteinleuchter, spätes 13. Jahrhundert
Foto: Heike Schulze

Engel der Transformation

$\mathcal{W}$er solche strammen Beine hat, sollte fast auf Flügel verzichten können. Meint man. Das Spiel der Muskeln unterm himmelblauen Kleidchen strahlt Männlichkeit, Kraft, Eigenständigkeit aus. Kraft und Muskelspiel tragen die Taufschale und den Kranz des Lebens. Triumph liegt in der Luft. Männlich ist dieser Triumph. Was irritiert? Die Knie unter dem Kleidchen haben etwas von Cross-Dressing. Dem Begriff nach ist das eine Sache der frühen 1970er Jahre. (Da hängt der Engel schon mehr als ein Jahrhundert): Gemeint ist das Tragen einer bestimmten Bekleidung des jeweils anderen Geschlechts, zum Beispiel wenn Männer Frauenkleider tragen. Vor allem männliche Cross-Dresser sehnen sich danach, empfundene Weiblichkeit auch leben zu dürfen, ohne dafür sozial stigmatisiert zu werden. Eine Sehnsucht nach Transformation, die häufig gerade nicht gelebt werden kann; die vor dem Partner, der eigenen Familie oder dem sozialen Umfeld verborgen wird. Angst oder Scham laufen eben immer mit. So mancher Cross-Dresser wird irgendwann permanent seine Geschlechtsrolle wechseln und benötigt dafür juristische oder medizinische Maßnahmen. Es gab Zeiten und es gibt noch immer Länder, da endeten und enden für Cross-Dresser solche Versuche tödlich. Sie werden bestraft mit dem physischen oder dem sozialen Tod.

Das Unbehagen des Geschlechts kann zu einer Frage auf Leben und Tod werden. Ob der Schöpfer unseres geheimnisvoll-weiblichen Engels eine Ahnung davon hatte? Kann man unseren Engel auch als Lebensboten und Beschützer für all jene ansehen, die in der Fachsprache als Hermaphroditen bezeichnet werden? Jene sehr vereinzelten Menschen mit gleichermaßen ausgeprägten weiblichen und männlichen Merkmalen, die oftmals einen schmerzreichen Weg der Selbstsuche gehen.

Vielleicht haben wir es in Wutike mit einem Engel der Transformation zu tun. Ein Engel, dem die Ahnung um Freude und Schmerz jeder Verwandlung in den verklärten, himmelwärts gewandten Blick hineingelegt worden ist. Nicht zufällig ist dieser Engel der Transformation ein Taufengel, gegenwärtig im Zeichen der Verheißung neuen Lebens.

Christina-Maria Bammel

Wutike, Landkreis Prignitz, Dorfkirche
Schwebender Taufengel, 1. Hälfte 18. Jahrhundert
Foto: Konstantin Normann

Ein protestantischer Schnauzbart

„*U*mb die bylder ist es so gethan, das sie unnötig sondern frey sein, wir mügen sie haben oder nicht haben", predigt Luther 1522 gegen den Bildersturm, die Zerstörung aller Gemälde und Figuren in den Kirchen. Später erkennt der Reformator – anders als die Anhänger Zwinglis und Calvins – durchaus den pädagogischen Nutzen von Bildwerken im Gotteshaus an, wenn sie nur die rechte evangelische Lehre illustrieren und nichts Unbiblisches darstellen.

Woran sich aber die gotischen Flügelaltäre mit ihren Heiligengestalten nun gar nicht hielten. Die Gemeinden hatten nach der Reformation also alte Figuren in ihren Gotteshäusern, fein geschnitzt, bunt bemalt und vergoldet – jedoch in ihrem Geist ganz der katholischen Lehre verpflichtet. Aber man konnte die schönen Bildwerke ja findig „umfunktionieren".

In Börnicke bei Nauen stand so ein Schnitzretabel: Maria im Kreise heiliger Jungfrauen – sehr lutherisch war das nicht! Als 1604 ein neuer, einwandfrei protestantischer Altaraufbau geschaffen wurde, stellte sich die Frage: Wohin mit den wohl geratenen, aber total papistischen Frauenzimmern? Nun schien es probat, die übereinander stehenden Christusbilder der Mittelachse – von der Taufe bis zur Kreuzigung – durch die vier Evangelisten zu flankieren, die solch Heilsgeschehen überliefert haben. Das aber waren Männer, bis auf Johannes wurden sie auch stets recht bejahrt dargestellt. Also erlitten die gotischen Damen eine kosmetische Geschlechtsumwandlung: In Gips getränkte Leinwand formte maskuline Kopfbedeckungen von Hut bis Zipfelmütze, und auf die Hände legte man ihnen Bücher. Um Geschlecht und fortgeschrittenes Alter von Matthäus, Markus und Lukas herauszustreichen, bekamen drei Frauenfiguren noch einen dicken Schnauzbart aus Stricken auf die jungfräulichen Oberlippen geklebt. Dazu deutliche Unterschriften, wen sie darzustellen hatten (falls ihre weibliche Gewandung doch Betrachter irritieren sollte). Und so tun diese „transsexuellen" Figuren bis heute ihre gut lutherische Pflicht: Sie weisen als Evangelisten darauf, dass wir allein durch die Gnade in Jesus Christus erlöst sind, wie es die Schrift verkündet.

Jan Feustel

Börnicke, Landkreis Havelland, Dorfkirche
Altaraufsatz, Figur von 1604
Foto: Antje Gräfin Hardenberg

Der Kleinste

*D*er kleine Taufengel aus Walddrehna ist eine Besonderheit. Nicht nur, weil er erst Anfang des 19. Jahrhunderts und damit in einer Zeit entstand, als die Beliebtheit seiner Artgenossen bereits deutlich im Abnehmen begriffen war. Sondern auch, weil er mit seinen 79 Zentimetern der Kleinste unter den brandenburgischen Taufengeln ist. Außerdem hat ihm sein Schöpfer eine gänzlich andere Gestalt gegeben – nicht ein jugendlich frisches oder erwachsen wirkendes Wesen in wallenden Gewändern, die oftmals aufwändig gestaltet waren. Hier kommt ein Putto von der Kirchendecke herab – ein Engel-Kind kommt zu einem Tauf-Kind. Und es ist auch nicht mit prächtigen Kleidern geschmückt, sondern kommt nahezu hüllenlos, nur mit einem Lendenschurz bekleidet.

Seine heutige Erscheinung verdankt der kleine Engel einer Neufassung aus den 60er Jahren des vorigen Jahrhunderts. Damals dürfte er etwa 150 Jahre alt gewesen sein, und sicher fand man „alte" Farbe nicht mehr schön genug oder unzeitgemäß. Nun erleben wir ihn also in schlichtem Weiß, das nur durch eine teilweise Vergoldung bereichert wird. Der Kleine hat etwas kindlich Unschuldiges an sich: Möglicherweise haben ihn die Täuflinge als ihresgleichen erkannt und konnten so leichter aushalten, dass sie unter seinem Blick kurzzeitig nass gemacht wurden.

Was der Engel ursprünglich in seinen Händen gehalten hat, wissen wir heute nicht mehr. Üblich war eine Muschelschale oder ein Lorbeerkranz zum Aufnehmen der Taufschale. Heute trägt er zwischen den vorgestreckten Händen eine zinnerne Schale mit der Inschrift: „Großer Gott, nimm in Schutz die Kinder – Gewidmet zu seinem 50-jährigen Jubiläum von B. König in Drehna 1853". Auch eine passende Taufkanne ist vorhanden.

Doch diese Attribute bekommt der Engel nur, wenn er zu einer Taufe „heruntergekurbelt" wird, und das geschieht in unserer Zeit deutlich seltener als im 19. Jahrhundert. Der Wunsch auf dem Rand der Taufschale aber besitzt heute wie damals seine Gültigkeit, und der kleine Engel schenkt jedem Täufling seinen milden Blick.

Annegret Gehrmann

Walddrehna, Landkreis Dahme-Spreewald, Dorfkirche
Taufengel, 1. Hälfte 19. Jahrhundert
Foto: Steinhagen

Früher stotterte Mose

Du sollst nicht ehebrebrechen

*M*ose als Kanzelträgerfigur in der Dorfkirche von Lübbenow: Einigermaßen alt sieht er aus. Wie unsereiner inzwischen auch. Mittlerweile ist es Jahrzehnte her, dass wir ihn einmal besuchten. Seinerzeit mussten wir lachen. Zugegeben: Unanständigerweise amüsierten wir uns. Man lacht doch nicht, wenn einer stottert. Aber in diesem ganz besonderen Fall –

Die Figur hält die Gesetzestafel. Damals belustigte das 6. Gebot. „Du sollst nicht ehebrechen", stand da. Kenner wissen, dass Mose einen Sprachfehler hatte. „Ich bin je und je nicht wol beredt gewest", sagt Luthers Übersetzung der Bibel. „Denn ich hab ein schwere Sprache und eine schwere Zungen." Mose habe gestottert, wurde daraus gefolgert. Um der Verständlichkeit willen habe der Gott Israels ihm Aaron als Sprecher mitgeben müssen.

Das Wort Stottern wird von den Bibelübersetzern allerdings immer vermieden. Nicht einmal der Nacherzähler Thomas Mann will es verwenden. Besonders kunstvoll drückt er sich über Moses Sprachfehler aus. In dem Prosatext („Das Gesetz") heißt es: „… denn er sprach schlecht und stockend und fand öfters die Worte nicht …" Oder auch (a.a.O.) so: „Was stößest du Worte? Und was für Worte sind's, die du stößt?" Letztlich gibt Mann zu verstehen, dass Mose „… im Grunde nicht sprechen konnte. Denn er war stockend gestauten Wesens überhaupt und neigte in der Erregung zum Zungenschlag …"

Zu solch unbeschwerter Stotter-Forschung konnte einen der Mose von Lübbenow – kein halbes Menschenleben ist's her – früher einmal inspirieren. Mittlerweile ist allen das Lächeln vergangen. Unter der Kanzelträgerfigur war wohl der Boden zu feucht. Buchstäblich und in doppelter Erfüllung des Wortsinns hat Mose die „Fassung" verloren. Auch Merk-Würdigkeiten können vergehen, wenn die Nachwelt nicht aufpasst.

Frank Pauli

Lübbenow, Landkreis Uckermark, Dorfkirche
Mose als Kanzelträgerfigur, spätes 16. Jahrhundert, heutiger Zustand (Abb. rechts, Foto: Sylvio Dittrich) und einstige Stotteraufschrift (s. o. – nach einer Buchveröffentlichung von 1975)

Angelus Silesius

*D*er Altar der evangelischen Kirche „Zum Heiligen Kreuz" in Neuzelle ist eine Realiensammlung der Passion Jesu im Irrealis. Engel und Putten zeigen mit großen Gesten all die Werkzeuge und Requisiten der Passion. Da sind Hammer und Zange, Leiter und Lanze, Geißel und Kelch und vieles mehr zu sehen. Alles dies verdichtet sich zu einem angelischen Choral, der das Fassbare mit dem Unfassbaren zu verbinden sucht. Aber dieser Choral hat einen schlesischen (silesius) Grundton. Denn von da, aus Schlesien, kamen die Künstler, die diese Passion schnitzten. Sie hatten die Verse frommer Jesusmystik von Johann Scheffler im Ohr und im Herzen: „Schauet, wie sein Hals zerrissen/ und mit Geißeln ist zerschmissen!/ Schaut die Ketten und die Bande,/ die er trägt zum Unterpfande,/ betrachtet seinen Purpurrock!" Johann Scheffler war keine Zierde der Bescheidenheit. Als Konvertit und Mystiker nannte er sich Angelus Silesius – Schlesischer Engel. Vermutlich würde er gut einen dieser Engel darstellen können. Den Pathos und die Hingabe seiner Verse haben die schlesischen Bildschnitzer allen Engeln dieses Altars auf den Leib geschnitzt.

Der Engel mit der Martersäule erzählt die Geschichte der Geißelung Jesu (Johannes 19,1–5). Nur er erzählt sie auf schlesisch. Mit ihm wird das Schwere tänzerisch leicht – unfassbar leicht. Die Qualsäule Jesu liegt sacht in seinem Arm. Fast zärtlich hält er sie zur Schau bereit – wie ein federleichtes Instrument. Passion ist beides: Leiden und Leidenschaft. Die Freude über die Rettung lindert hier das Entsetzen über die Schmerzen der Passion. In androgyner Süße verzärtelt dieser schlesische Engel Jesu Passion in eine unfassbare Leichtigkeit des Leidens. Alles Menschliche leidet. Die Engel aber singen fröhlich Lieder. Und Angelus Silesius würde als Dichter und als Engel in diese Lieder einstimmen: „Ich danke dir für deinen Tod,/ Herr Jesu, und die Schmerzen,/ die du in deiner letzten Not/ empfundst in deinem Herzen./ Laß die Verdienste solcher Pein/ ein Labsal meiner Seele sein …"

Wer so singt, dem wird auch die Martersäule Jesu zum Instrument erleichterter Unfassbarkeit.

Uwe Weise

Neuzelle, Landkreis Oder-Spree, Evangelische Kirche Zum Heiligen Kreuz
Engel mit Martersäule, 1. Hälfte 18. Jahrhundert
Foto: Daniel Friedrich

Dr. Rapha-El

Dieser Raphael in Neuzelle ist sonderbar. Denn als Raphael ist er kaum zu erkennen. Zuviel ist bei ihm anders, als bei Raphael, dem Heiler und Doktor unter den Erzengeln, zu sein hätte. Raphael steht hier im kühlen Norden und nicht im vom Abendrot durchglühten Westen. Er und nicht Tobias trägt den Fisch unterm Arm. Das Ungeschick ist ihm anzusehen. Ja, Tobias, Raphaels Schützling, ist hier gar nicht zu finden. Er ist, obschon dem katholischen Kanon zugehörig, in dieser katholischen Kirche protestantisch apokryph. Nur der Fisch unter Raphaels Arm erinnert an Tobias. Dieser Fisch bleibt die gerade noch erkennbare Abbreviatur einer großen Heilungsgeschichte (Tobias 6). Sie aber muss immer wieder neu erzählt werden: Tobias badet im Tigris. Ein Fisch will ihn verschlingen. Doch Raphael rät ihm, diesen Fisch zu packen, ihm Leber, Herz und Galle zu sezieren. Denn diese befreien Menschen von bösen Geistern und klaren verschattete Augen auf. Das ist eine Heilungs- und Heilsgeschichte, die in des Engels Namen eingeschrieben ist. Denn Rapha-El, das ist „Gott heilt".

Im Grunde aber wird im barocken Überfluss Neuzelles eine andere Heilungsgeschichte erzählt. In diese ist nur der Fisch hinüber gesprungen. Raphael steht gemeinsam mit Uriel als freundlicher Assistent zu Seiten des prächtigen Kindheit-Jesu-Altars. Entsprechend bescheiden sein Blick zu Erden. Das kühlweiße Gewand lässt ihn eher verschwinden als hervortreten. Das abgenutzte Gold hält wenige Konturen fest. Fast steril, fast klinisch wirkt er. Er kühlt den üppigen Barock auf die Geschichten ab, die erzählt werden müssen. Damit Heilung werden kann. Damit es mit der Welt gut ausgeht.

Denn Raphael, in dessen Namen das Heil Gottes zur Sprache kommt, steht nicht umsonst der fromm anzubetenden Kindheit-Jesu bei. Er weist diskret auf die Heilung, die Gott, der HERR, der Welt mit diesem Jesuskind verabreicht hat. Er weist als Heiler und Doktor auf Gottes Sohn, den Heiland. So wird Rapha-Els Name – „Gott heilt!" – zum Untertitel dieses Altars. Denn Heilung kommt nur von IHM: „Ich bin der HERR, dein Arzt", sagt der heilende Gott (2. Mosc 15,26). Und SEINE Engel sind seine Assistenzärzte.

Uwe Weise

Neuzelle, Landkreis Oder-Spree, Klosterkirche St. Marien
Barockengel mit Fisch, 1. Hälfte 18. Jahrhundert
Foto: Daniel Friedrich

Maria im Wochenbett

$\mathcal{W}$ie muss das im Mittelalter spannend gewesen ein, wenn zu Weihnachten in der Jüterboger Nikolaikirche die Kirchendiener die Festtagsseite des Altars öffneten. Wie ein riesengroßes Buch ist der gotische Wandelaltar aus dem Jahre 1420 gestaltet. Alltags waren die Seitenflügel geschlossen, sonntags wurden sie einmal geöffnet und an den Feiertagen zweimal. Farbig und golden glänzten dann die Heiligenfiguren in der Mitte und die Reliefs in den beiden aufgeklappten Seiten. Szenen aus der Kindheit Jesu waren dort abgebildet.

Die meisten Menschen verstanden damals die lateinischen Bibellesungen im Gottesdienst nicht und waren angewiesen auf solche Bilderbibeln. „Schaut mal", sagte da vielleicht ein Vater zu seinen Kindern, mit denen er nach dem Gottesdienst noch einmal nach vorn zum Altar trat, „da liegt die Maria im Bett, gerade so wie eure Mutter, wo doch gestern euer Brüderchen geboren ist." Die Kinder kannten schon Bilder von Maria. Oft standen sie mit der Mutter vor dem Wandgemälde der Kapelle, auf dem Maria lauter kranke und alte Menschen unter ihren großen blauen Mantel nimmt. Und besonders liebten sie die Marienfiguren, bei denen Maria auf einer Mondsichel steht. Die Mutter hatte ihnen gesagt, was es bedeutet: Unter der Mondsichel ist ein dunkles Gesicht. Die Gottesmutter Maria hat das Böse in der Welt besiegt, weil sie Jesus geboren hat. Maria ist die Himmelskönigin!

Und nun zeigte der Vater ihnen dieses Bild von Maria, wie sie ganz normal im Bett liegt. Als wäre es bei ihnen zu Hause. Der Vater lässt die Kinder erzählen, was sie noch auf dem Bild sehen. „Ich sehe den Joseph da unten am Bettrand hocken, aber der ist ganz müde und schläft", sagt Mariechen. „Wei Tühe da oben", sagt der kleine Martin, der Z und K noch nicht aussprechen kann. Klara bemerkt: „So eine schöne goldene Decke wie Maria hat Mama aber nicht." „Das stimmt", sagt der Vater, „aber seht noch einmal auf das Bild: Was meint ihr wohl, was die Frau mit den langen schwarzen Zöpfen der Mutter Maria gerade bringt?" „Ich weiß es!", ruft Mariechen: „Bratäpfel mit Zimt und Zucker und Rosinen! Es war doch Weihnachten!"

Mechthild Falk

Jüterbog, Landkreis Teltow-Fläming, St. Nikolaikirche
Plastische Darstellung von Maria im Wochenbett, zwischen 14. und frühem 15. Jahrhundert
Foto: Heike Schulze

Nicht verloren

𝒥m südlichen Seitenschiff des Brandenburger Doms am Übergang zum Querhaus ist in die Wand der Grabstein für die Zwillingskinder Dietrichs von Brösigke und seiner Frau Agnes von Schlieben eingelassen. Unter all den anderen Grabsteinen nimmt er eine Sonderstellung ein: Er ist tot geborenen Kindern gesetzt worden. Die pausbackigen Kinder mit Spitzenhäubchen liegen einander zugewandt im Totenbett. Mühevoll hat der Bildhauer Muster und Falten in der Spitzendecke herausgearbeitet. Pflanzliches Dekor schmückt das Kopfkissen. Die Inschrift auf der Vitentafel lautet: „A[nn]o 1623 Den 4 Martii seindt diese beiden Kinder als ein Söhnlein u[nd] ein Töchterlein thodt zur Welt geboren v[on] der woledlen und vielthugendreichen Frawe[n] Agnesen G[räfin] v[on] S[c]hlieben Dietrich Brösiken Eh[e]f[rau]." In den oberen Ecken erscheinen die Wappen der Eltern, die der beiden Großmütter an der Unterkante.

Der Grabstein beeindruckt durch seine qualität- und liebevolle Gestaltung und gibt der Trauer Ausdruck, die Agnes und Dietrich über den Tod ihrer beiden Kinder empfunden haben müssen. Gleichzeitig dokumentiert er eine neue Art im Umgang mit tot geborenen Kindern. Im Mittelalter und bis in die Neuzeit hinein galten tot geborene oder ungetauft gestorbene Kinder als noch von der Erbsünde behaftet und vom ewigen Leben ausgeschlossen. Sie sollten in ungeweihter Erde jenseits der Kirchhofsmauer verscharrt werden. Archäologische Ausgrabungen bringen immer wieder Kinderfriedhöfe zutage, die in einiger Entfernung der Kirche angelegt worden sind. Es gibt aber auch archäologische Beweise dafür, dass die rigorose Ausgrenzung solcher Kinder nicht ganz durchgehalten wurde: Man bestattete sie in einer entlegenen Ecke der Friedhöfe oder auch im Traufbereich der Kirche, in der Hoffnung, das vom Kirchendach herabrieselnde Regenwasser würde die Kinder doch noch von der Erbsünde reinigen.

Auf dem Rahmen des Grabsteins ist ein Zitat aus dem Matthäus-Evangelium eingemeißelt: „Auch ists für Euren Vater im Himmel nicht der Wille, dass jemand von diesen Kleinen verloren werde." Es dokumentiert die Überzeugung, dass auch tot geborene Kinder am ewigen Leben teilhaben werden, eine Sichtweise, der sich die heutige Kirche anschließen konnte.

Rüdiger von Schnurbein

Brandenburg an der Havel, Dom
Grabstein von 1623
Foto: Heike Schulze

MATT 18 AVCH ISTS FÜR EWREN VATER IM HIMMEL NICHT DER WILLE DAS IEMANT VON DIESEN KLEINEN VERLOREN WERDE

AO 1623 DEN 4 MARTII SEINDT
DIESE BEIDE KINDER ALS EIN SÖHN-
LEIN V EIN TÖCHTERLEIN THODT
ZVR WELT GEBOREN, V DER
WOLEDLEN VND VIELTHV-
GENTREICHEN FRAWE
AGNESEN G V SHLIE-
BEN DIETERICH BRÖ-
SIREN E H F

Gedächtnisfenster

*D*as war ein heller Sonnentag, an dem die Menschen sich freuten, da trat zu einem kleinen Mädchen der Todesengel, und irgendwo griff jemand in die Saiten, schwer und dumpf: Es ist ein Schnitter, der heißt Tod, der hat Gewalt vom höchsten Gott …

So übernehmen wir denn heute das Gedächtnisfenster in unser Gotteshaus mit dem Gedenken an das Mägdelein, dem es gilt, und mit dem Heilandswort, das es auf seinem Bande trägt: „Selig sind, die reinen Herzens sind, denn sie werden Gott schauen."

Tiefdunkelblau ist das Fenster am Grunde. Dies Blau, so schön und so geheimnisvoll, redet vom Wasser, das zur Unglücksstätte wurde. Es ist nur angedeutet, um nicht immer wieder das ganze furchtbare Ereignis darzustellen … Nur leis soll es erinnern an eine blaue Tiefe …

Goldene Sonne leuchtet ganz oben am Fenster und sendet ihre Strahlen bis in die Tiefe hinein. Das ist der helle Sommertag, der in den Schrei verklang: „Mein Kind, mein Kind ist tot." Doch goldene Sonne von oben kündet uns allen ja auch ganz hellen Trost … So leuchte denn auch euch diese Sonne, leuchte in alles Leid hinein, rede nicht vom Verlorensein, sondern vom Leben … „Die Sonne, die mir lachet ist mein Herr Jesus Christ …"

Und nun noch das letzte am Fenster, der schwebende Engel in der Mitte … Blau ist des Engels Gewand, denn blau ist die Himmelsfarbe. Ich hab einmal gelesen: „Blau erscheint uns der Himmel, der ferne Wald, die Berge am Horizont. Das Entfernteste ist am tiefsten blau. Es ist die Farbe aller sehnsüchtigen Träume. Alles Rätselhafte, nicht ganz Klare, Undurchsichtige ist in Blau gehüllt." Redet von diesen Fernen, von dieser rätselhaften Sehnsucht nicht auch der Engel? Er sagt etwas von dem fernen Kind, das doch nahe ist, etwas von der geheimnisvollen Gottesgewalt, etwas von dem Heilandsgruß: „Selig sind, die reinen Herzens sind, denn sie werden Gott schauen."

Aus der Predigt zur Einweihung des von der Familie von Zieten-Brunne gestifteten Kirchenfensters für das ertrunkene Mädchen Ursula von Zieten am 10. Mai 1924

Brunne, Landkreis Ostprignitz/Ruppin, Dorfkirche
Kirchenfenster von 1924
Foto: Antje Gräfin Hardenberg

Noli me tangere

... auch Wappenspruch derer „... ..." (adelig/Poln. der Adel)

Eine der schönsten Auferstehungsgeschichten steht im Johannesevangelium im 20. Kapitel: Maria aus Magdala begegnet dem Auferstandenen und erkennt ihn nicht. Er fragt sie, warum sie weint und wen sie sucht. Sie denkt, es sei der Gärtner und fragt ihn, wo er jenen, den sie vermisst, hingebracht habe. Dann sagt der Auferstandene ihren Namen: „Maria!" Nicht mehr und nicht weniger. Und sie weiß auf einmal alles. Sie erkennt ihn und antwortet, indem sie ihn – wie zuvor – als ihren Rabbi anspricht. Danach folgt der in der lateinischen Übersetzung populär gewordene Satz: „Rühre mich nicht an!" „Noli me tangere!" Hier spätestens streiten sich die Gelehrten, weil der Auferstandene in anderen Berichten – wie über die Begegnung mit Thomas wenige Verse weiter im Johannesevangelium – gerade will, dass er berührt wird. „Halte mich nicht fest!", wäre eine andere Übersetzungsmöglichkeit, die weniger abwehrend ist.

Ich möchte mich bei diesem „Noli me tangere" nicht aufhalten. Das, was in diesem 20. Kapitel passiert, ist tatsächlich nicht fassbar, ist weder mit dem Verstand noch mit Händen zu fassen. Dieses Altarbild einer unbekannten bayerischen Künstlerin will einen Augenblick festhalten, für den unsere Sprache keine Worte hat. Maria von Magdala: Kniet sie oder richtet sie sich auf? Hat sie Angst oder ist sie überglücklich? Oder stimmt alles auf einmal? Der auferstandene Christus nimmt mehr als die rechte Hälfte des Bildes ein. Maria, gebeugt, mit langem goldblonden Haar, ist in der linken unteren Ecke des Bildes. Dort wo unsere Augen mit dem Betrachten beginnen. Es ist so, als ob ein Film nicht weiter läuft. Als ob er stehen bleibt und ein Bild für immer fest hält. Er sagt ihren Namen und sie begreift. Wie viele Augen haben sich an diesem Bild festhalten können, wenn sonst nicht so viel zu schauen war in einem Gottesdienst? Und wie oft ist auf diese Weise wirkungsvoll Auferstehung gepredigt und für manche auf die einzig mögliche Weise verstanden worden? Wie viele Menschen lieben gerade diese Maria in dieser Kirche und gehen ab und zu zu ihr hin? Zu jener Frau, für die es Ostern wurde, als sie ihren Namen hörte.

Friederike von Kirchbach

Quitzöbel, Landkreis Prignitz, Dorfkirche
Altarbild von 1853, Detail
Foto: Detlef Witt

Staunen

Staunend und mit offenem Munde blickt er über uns hinweg. Was wohl seine Augen sehen? Etwas Wunderbares bringt ihn aus der Fassung. Mächtig steht er an einer Säule der Wunderblutkirche in Bad Wilsnack. Er ist ein Bischof im festlichen Ornat, in Sandstein gehauen und farbig gefasst. Seine Herkunft ist bedeutend: Aus der Werkstatt Peter Parlers soll er stammen, dem Erbauer des Veitsdomes in Prag. Doch damit beginnt das Rätsel um seine Person.

Vielleicht ist es Johann von Wöpelitz (1385–1401) – jener Havelberger Bischof, unter dessen Schutz Wilsnack diese mächtige Wallfahrtskirche erhielt. Wöpelitz – eine Säule dieser Kirche! Die Geschichte ist voller Wunder. Nachdem der Ritter Heinrich von Bülow 1383 Wilsnack mit seiner Kirche eingeäschert hatte, fand der Pfarrer des Ortes drei scheinbar blutende Hostien in der Asche. Das Bistum Havelberg erkannte den Trend der Zeit und bestätigte das Wunder. Wallfahrer kamen und aus ihren Gaben konnte nicht nur der Kirchenbau in Wilsnack finanziert werden, auch der Havelberger Dom und die Plattenburg wurden umgebaut. Wöpelitz war ein Mann mit Visionen, und das sieht man an seinem Blick.

Vielleicht ist es aber auch der Heilige Nikolaus – jener beliebte Bischof von Myra. Die Geschichte ist voller Wunder. Er bewahrte drei Jungfrauen vor dem Verkauf in ein Freudenhaus, als er drei Goldklumpen zur Brautausstattung durch das Fenster ihrer armseligen Hütte warf. Er soll auch drei Scholaren zum Leben erweckt haben, die in Fässern von einem bösen Wirt eingepökelt worden waren. Nikolaus galt bald als Patron der Kinder, und es entwickelte sich ein heiteres Brauchtum. Zum Beispiel übernahmen Kinder in den Klosterschulen des Mittelalters einmal im Jahr am Fest der Unschuldigen Kinder, später am Nikolaustag, die Herrschaft und wählten Kinderbischöfe. Obwohl dies bereits amtlich schon im 9. Jahrhundert verboten wurde, hielt sich der Brauch bis in die frühe Neuzeit.

Wer dieser Säulenmann in Wilsnack nun auch sei – Wöpelitz oder Nikolaus –, seine Geschichte ist voller Wunder. Doch er schaut nicht zurück, sondern erhobenen Hauptes über uns hinweg. Schaut er Gottes Zeitenfülle? Mitten unter uns scheint sie auf bei Menschen mit Visionen wie bei Bischof Wöpelitz und bei Kindern. Das ist wahrlich zum Staunen.

Ulrich Schöntube

Bad Wilsnack, Landkreis Prignitz, Stadtpfarrkirche St. Nikolaus
Großplastik aus Sandstein, um 1400
Foto: Heike Schulze

Christus als Apotheker

$\mathcal{D}$as Bild „Christus als Apotheker" hat Theodor Fontane 1872 in seinen „Wanderungen" (Abschnitt Havelland, Werder) beschrieben und damit weithin bekannt gemacht. Er hatte es in der Kirche von Werder/Havel in einer Rumpelecke der Sakristei gefunden. Damals wusste er wohl nicht, dass ein zweites Exemplar des Bildes in der nur wenige Kilometer entfernten Dorfkirche von Plötzin hängt. Dieses Bild steckt noch in einem älteren (dem ursprünglichen?) Rahmen mit der Inschrift „Christus als himmlischer Arzt". Gewöhnlich gilt es als eine Kopie des Bildes in Werder. Oder ist es umgekehrt? Jedenfalls stimmt Fontanes Beschreibung für beide:

Hier befindet sich unter andern auch ein ehemaliges Altargemälde. Das in Werder den überraschenden, aber sehr bezeichnenden Namen führt: „Christus als Apotheker". Es ist so abnorm, so einzig in seiner Art, daß eine kurze Beschreibung desselben hier ... gestattet sein möge. Christus, in einem roten Gewande ... steht an einem Dispensiertisch, eine Apothekerwaage in der Hand. Vor ihm, wohlgeordnet, stehen 8 Büchsen, die auf ihren Schildern folgende Inschriften tragen: Gnade, Hilfe, Liebe, Geduld, Friede, Beständigkeit, Hoffnung, Glauben ... In Front der Büchsen, als die eigentliche Hauptsache, liegt ein geöffneter Sack mit Kreuzwurz. Aus ihm hat Christus soeben eine Handvoll genommen, um die Waage, in deren einer Schale die Schuld liegt, wieder in Balance zu bringen. Ein zu Häupten des Heilands angebrachtes Spruchband (vielmehr das vom Tisch herabhängende Tuch) aber führt die Worte: „Die Starken bedürfen des Arztes nicht, sondern die Kranken. Ich bin gekommen, die Sünder zur Buße zu rufen und nicht die Frommen" (Matthäi 9, V. 12).

Wann ist wohl dieses eigentümliche Sinnbild entstanden? Experten der Kunstgeschichte sprechen von 1630. Der „Dehio" nennt das Gemälde *Christus als Seelenarzt* und vermutet, dass es Ende des 17. Jahrhunderts entstanden ist. Am schönsten aber ist die Überlegung Fontanes:

1734, in demselben Jahre, in dem die alte Zisterzienser-Kirche renoviert wurde, erhielt Werder auch eine Apotheke. Es ist höchstwahrscheinlich, daß der glückliche Besitzer derselben sich zum Donator machte und das Bildkuriosum, das wir geschildert, dankbar – und hoffnungsvoll stiftete.

Theodor Fontane, eingeführt von der Herausgeberin

Plötzin, Landkreis Potsdam Mittelmark, Dorfkirche
Ölgemälde, siehe oben
Foto: Antje Gräfin Hardenberg

Das Vorbild

*A*ls der Berliner Bildhauer Heinrich Wefing den Auftrag bekam, einen Taufengel für die Kirche des Oberlinhauses im damaligen Nowawes zu gestalten, suchte er ein entsprechendes Modell. Wie sollte ein Engel aussehen, den am Sonntag viele Kinder aus dem benachbarten „Krüppelheim" besuchten? Und dann die Patienten des kleinen Krankenhauses nebenan – welcher Bote soll für sie vorne am Chorbogen stehen? Und welche Gestalt ist für die „Taubstummblinden" gut, die auch immer zahlreicher hier in die Kirche kamen? Eine Sekretärin des Pastors hat es für die Nachwelt aufgeschrieben, wer es dann war: eine Diakonisse. Sie hat Modell gestanden. Es war Schwester Meta Colberg, die 1889 in das Diakonissen-Mutterhaus kam. Ihr Gesicht und die Falten ihres Gewandes sind nun zu Stein geworden. Und so steht sie seit der Einweihung der Kirche 1905 für jeden sichtbar vorn da.

Ob sie es so gut gefunden hätte, dass sich hin und wieder eines der taubblinden Kinder an ihren Armen hochzieht und sie auf den Mund küsst? Wenn wir dann dem Kind zu erklären versuchen, dass da ein Engel steht, der auch für ihn seine Flügel ausbreitet, ja dann würde Schwester Meta lächeln. War sie doch eine von 200 Diakonissen, die nichts anderes wollten als dies: für die vielen Hilfsbedürftigen da zu sein. Im heutigen Potsdam-Babelsberg ist das Oberlinhaus als diakonischer Träger noch vielfältiger geworden, aber der Sandsteinengel steht immer noch da. Und er hält die Taufschale vor sich und schaut wie Schwester Meta liebevoll auf jeden, der sich ihm nähert.

Matthias Amme

Potsdam-Babelsberg, Evangelische Oberlinkirche
Taufengel aus Sandstein von 1905
Foto: Heike Schulze

Erkenne dich selbst

$\mathcal{V}$or Gott sind alle Menschen gleich – aber bitte sehr doch nicht beim Gottesdienst in der Kirche! Da sollte man dereinst schon die soziale Rangordnung erkennen. Und so wollten auch städtische Honoratioren im Gotteshaus ihre herausgehobenen Sitzgelegenheiten bekommen – möglichst nahe am Altar natürlich.

In Mittenwalde umzieht ein Gestühl von 45 Klappsitzen die Wände des Chorumgangs in der spätgotischen Stadtkirche. Hier saßen die „Spitzen der Gesellschaft" in der Stadt – Ratsherren, Gewerks- und Innungsmeister. Flachschnitzereien und bemalte Holzflächen zieren die Rückwände aus Kiefernholzbrettern – sie sollten wertvolle Intarsien vortäuschen. Und was da an Wappen, Haus- und Innungszeichen den „Stuhlinhaber" kennzeichnete, war mit Renaissance-Ornamenten umrahmt, wie sie im 2. Drittel des 16. Jahrhunderts modern waren. Als großen Künstler allerdings kann man den Schöpfer dieser Gestühlsreihen kaum bezeichnen, dafür entfalten diese naiven Bildwerke eine skurrile Fantasie. Auf den Wappenschilden und in den Bogenfeldern darüber sind allerlei drollige Gestalten geschildert. Am kuriosesten erscheint die Darstellung eines handgreiflichen Ehekrieges: Da gehen zu Häupten zweier verschlungen kämpfender Drachen adäquat Mann und Frau – mit Keule und Kochlöffel bewaffnet – aufeinander los. Da Drachen dereinst als Teufelswesen galten und Dämonen untereinander eh keinen Frieden kennen, sind die derart streitwütigen Eheleute damit gleichsam auch zu „Satansbraten" erklärt. Warum aber sind so degoutante Bilder gerade am Kirchengestühl der ehrenwerten Honoratioren platziert? Die lateinische Inschrift auf einem anderen dieser

Bilder gibt vielleicht eine Erklärung. „Erkenne dich selbst"! Gerade in den Abbildungen von Zwietracht, Eifersucht, Narrheit und anderen Verfehlungen soll nicht allein den „Stuhlinhabern", sondern jedem Betrachter gleichsam warnend ein Sündenspiegel vorgehalten werden. Auch der heutige Betrachter möge bei allem Lächeln über diese Kauzigkeiten einmal prüfen, in welchen der Flachschnitzereien er sich selber wiedererkennt.

Jan Feustel

Mittenwalde, Landkreis Dahme-Spreewald, Stadtpfarrkirche St. Moritz
Eine der figürlichen Darstellungen auf dem Chorgestühl, Mitte 16. Jahrhundert
Foto: Ursula Techel

Außer Konkurrenz

*D*ie alte Blankenburger Dorfkirche hat nicht nur den mächtigsten Turm aller Dorfkirchen Berlins, sie hat auch den schönsten Taufengel. Und der ist ganz ohne Konkurrenz: Er ist der einzige schwebende Taufengel im Berliner Stadtgebiet.

Der Taufengel, der neben dem Altar, von einem Drahtseil gehalten, von der Decke hängt, ist das auffälligste Ausstattungsstück der Kirche. In der erhobenen rechten Hand hält er ein stark flatterndes Spruchband mit dem Vers, der noch heute bei jeder Taufe eines Kindes gelesen wird: „Lasset die Kindlein zu mir kommen …" Die linke Hand hält die im Rokoko so beliebte Muschelschale für das Taufwasser. 1718 wurde er zum ersten Mal im Kirchenbuch erwähnt.

„Eines Theils haben wir dieses Engelbild erwehlet/ weil dergleichen schon hin und wieder in Evangelischen Kirchen/ auch in hiesiger Nachbarschafft zu befinden; Denn auch/ weil uns solches Engelbild gar gutte geistreiche Gedancken an die Hand geben kann." Und dann auch etwas skeptisch: „Mein Kummer selbst ist/ es werden heute/ morgen und instehende Feyertage über viele die Gedancken mehr bey dem neuen Tauff-Engel und Altar haben/ als bey rechtschaffener Vollziehung des Gottes-Dienstes"*. So wurde bei der Einweihung eines Taufengels im Jahre 1709 in einem schlesischen Dorf gepredigt; so ähnlich wird auch in Blankenburg gepredigt worden sein, damals, als sich die Taufengel in allen lutherischen Gegenden Deutschlands und Skandinaviens verbreiteten. Allerdings gab es von Anfang an auch Kontroversen. Kritisiert wurden etwa der Preis und der Prunk, aber auch die massive Bildhaftigkeit der Engel. Im Laufe des 19. Jahrhunderts nahmen dann die geschmacklich und theologisch begründeten Einwände so überhand, dass viele Taufengel wieder abgeschafft wurden. Manche aber blieben oder wurden in letzter Zeit wieder in Gebrauch genommen.

Da hängen sie nun in ihren Kirchen und laden zur Taufe ein. Und wenn ein Kind gebracht wird oder ein Größerer kommt, dann wird jemand unauffällig das Seil lockern, und der Engel senkt sich herab.

* Aus: Taufengel in Brandenburg, Hg. Brandenburgisches Landesamt für Denkmalpflege, 2006

Antje Leschonski

Berlin-Blankenburg, Dorfkirche
Taufengel, Anfang 18.Jahrhundert
Foto: Christel Wollmann-Fiedler

Jesus war gar nicht so artig

Zu gut darf man die Bibel nicht kennen, um der seltenen Skulptur Glauben zu schenken, die einen Vierungspfeiler im Chor der ehrwürdigen Wallfahrtskirche in Bad Wilsnack schmückt. Das Lukasevangelium erzählt vom zwölfjährigen Jesus ja ganz anders: Aus dem Staub gemacht hatte sich der Knabe, während sich die Familie auf dem Heimweg von Jerusalem nach Nazareth befand. Drei Tage lang suchten ihn Maria und Joseph mit wachsender Verzweiflung. Als sie ihn endlich unter großen Gelehrten im Tempel fanden, bekam Maria keine leuchtenden Augen. Sie stellte sich nicht still dazu, um den erleuchteten Worten ihres Buben zu lauschen. Sie schimpfte wie alle Mütter in solcher Situation: Warum hast du uns das angetan! Mit Schmerzen haben wir dich gesucht!

Der Zwölfjährige hatte für ihre Aufregung nicht das geringste Verständnis: Hier, im Bereich Gottes, bin ich doch zu Hause, sagte er. Die Eltern konnten das nicht verstehen und auch für uns bleibt es eine Provokation. Gottes Reich und die irdischen Ordnungen sind nicht identisch, Vater und Mutter repräsentieren nicht den Willen Gottes. Jesus, dazu bestimmt, ein neues Licht in die Welt zu bringen, löst sich aus ihrer Sphäre schon sehr früh. Wer immer im späten Mittelalter die „Maria mit dem 12-jährigen Jesus" geschaffen hat, wollte uns gewiss nicht nur das Ideal einer guten Mutter vor Augen stellen, die mit einem hoch begabten und fügsamen Knaben gesegnet ist. Es mag sich aus der Tiefe seines Unbewussten auch eine Vorstellung erhoben haben vom Zusammenwirken der weiblich bergenden Anima und des geistig befruchtenden, männlichen Animus. Carl Gustav Jung hätte wohl seine Freude an der Darstellung gehabt! Aber das ist nur unter der Hand mitgemeint. Verstehen sollen wir Maria in erster Linie als Mutter Kirche, die den lehrenden Jesus an ihrer Seite hat und ihn auch behütet. So kann man es sehen, sollte sich dann aber doch an die biblische Überlieferung halten: Jesus lässt sich so brav nicht von der Kirche führen. Er entwischt ihr zuweilen. Immer wieder muss sie sich der Herausforderung stellen, dass Gottes Reich noch etwas anderes ist als die eigene Ordnung.

Angelika Obert

Bad Wilsnack, Landkreis Prignitz, Evangelische Kirche St. Nikolai
Maria mit dem 12-jährigen Jesus, spätes Mittelalter
Foto: Heike Schulze

Leben im Glanz

$\mathcal{I}$n der Oberkirche St. Nikolai zu Cottbus schaut sich eine Schulklasse um. Ein Kind ruft: „Da ist ein Drache, der frisst gleich einen!" Das Getier zieht schnell die Aufmerksamkeit auf sich, glänzt es doch so schön grün von links oben herab. Es strahlt stärker als das viele Gold und Weiß in dem Altar und ist auch ein wenig verwirrend. Frisst oder spuckt das fabelhafte Wesen? Der Lausitzer Bildhauer Andreas Schultze schuf 1661 den 11 Meter hohen Altar aus Sandstein mit Alabasterreliefs. Martin Heber hat vor allem Gold und Weiß darauf gemalt und dieses einmalige leuchtende Grün.

Was ist das für ein Tier auf dem Altar? Der Bildhauer gibt die Antwort durch das Zentrum des Altars, das den auferstandenen Christus zeigt. Das grün schillernde Getier ist ein Walfisch. Der Prophet Jona wird lebendig aus dem Rachen freigegeben. Drei Tage und drei Nächte betete er im Bauch des Walfischs. Klaus-Peter Hertzsch hat darüber in der Ballade *Wie schön war die Stadt Ninive* gedichtet: „Die Stimme schwang, das Echo klang, der ganze Fisch war voll Gesang … Der Fisch, der würgte sehr und spuckte, bis Jona aus dem Maul ihm guckte." Würgen und Spucken ist hier von den schimmernden Farbtönen bedeckt. Das neue Leben aber ist schwungvoll anzusehen. Ein Arm von Jona streckt sich schon in die Höhe, gleich wird der andere auch empor schnellen. Luft und Leben sind da, die Augen im Licht des Tages wieder sehend, frei vom dunklen Grab. Jona ist gerettet. Und der Fisch bewegt sich ebenso schwungvoll. Vielleicht ist er ja erleichtert von des Menschen Gesang und Gebet.

Der Prophet Jona, der lebendig aus dem grün glänzenden Walfisch freigegeben wird, ist ein Bild für die Auferstehung Christi aus dem Rachen des Todes. Die Erzählung aus dem Alten Testament wird mit dem christlichen Glauben verbunden: Gott rettet. Nicht dunkle Todestiefe verschlingt jedes Leben, sondern der Auferstandene hat dem Tod die Macht genommen.

Im letzten großen Krieg hat niemand gefragt, was der Drache oder der Walfisch da eigentlich macht. Niemand konnte die Darstellungen, Figuren und Farben bewundern. Der Altar wurde vorsorglich eingemauert und blieb völlig im Dunkeln. Fast unversehrt wurde er im Frieden wieder in das Licht geholt.

Heilgard Asmus

Cottbus, Oberkirche St. Nikolai
Jona am Altar von 1661
Foto: Thomas Goethe

Der Friedensengel

„*F*riede sei mit euch!" –
Mit schwarzer Schrift auf
weißem Grund steht die
Botschaft auf einem Spruchband geschrieben, das von zwei Händen gehalten
wird. Die künstlerische Ausführung der Schnitzerei ist eher einfach und volkstüm-
lich zu nennen. Dieses auf dem Dachboden der Dorfkirche in Hirschfeld vorge-
fundene Fragment gibt Anlass zu Fragen. Wem gehören diese Hände? Wann und
aus welchem Anlass wurde diese Botschaft verfasst? Der etwas altertümliche
Schrifttyp gibt erste Anhaltspunkte. Offensichtlich handelt es sich um ein
Dokument aus den 1930er bis 40er Jahren.

Bei der in den vergangenen Jahren durchgeführten Bestandserfassung der Taufengel in Brandenburg wurde festgestellt, dass es sich um eine frühere Version der
Hände des dortigen Taufengels handelt. Als 1837 ein neuer Taufstein angeschafft
wurde und man für den Taufengel keine Verwendung mehr hatte, gelangte die
1690 geschaffene Figur auf den Dachboden der Kirche. Dort überdauerte sie viele
Jahrzehnte, bis man sich ihrer 1939 wieder erinnerte und die stark beschädigte
Figur restaurierte. Aber statt den Taufengel wieder zum Halten einer Taufschale
herzurichten, hatte man ihm ein Spruchband mit der Aufschrift „Friede sei mit
euch!" in die Hände gegeben, auf dessen Rand drei Kerzen aufgesetzt waren.
Aus dem ehemaligen Taufengel wurde ein Leuchter- und Friedensengel – im Jahr
des Kriegsbeginns ein äußerst bemerkenswertes, möglicherweise einzigartiges
Zeitdokument. 1978 wurde der Engel erneut restauriert. In Anlehnung an die
ursprüngliche Funktion als Taufengel wurden die Hände anatomisch richtig und
in bildhauerisch guter Qualität ergänzt. Statt des Spruchbandes hält er nun eine
flache Schale, die als Kerzenhalter dient. Mit dieser Lösung wurde zwar die zwi-
schenzeitliche Funktion als Leuchterengel wieder aufgegriffen, aber die dezidierte
Aussage als Friedensengel zurückgenommen. Künftig wäre neu zu überlegen, wie
dem außergewöhnlichen historischen Dokument in angemessener Weise gerecht
zu werden ist.

Werner Ziems

Hirschfeld, Landkreis Elbe-Elster, Dorfkirche
Taufengel von 1690
Foto: Brandenburgisches Landesamt für Denkmalpflege

Glas in der Kapsel

*B*rillengestelle im Sonderangebot für 2,50 Euro … Es gab Zeiten, da war eine Brille nicht nur ein kleines, sondern ein großes Kunstwerk. Und das ist es heute noch. Umberto Eco nennt es in seinem Roman „Der Name der Rose": „oculi de vitro cum capsula" („Augen aus Glas in einer Kapsel") und erweist so dem wichtigen Utensil der Erkenntnis und fürs Erkennen seine Reverenz. Das Geschaute und Erkannte darf man dann in der capsa, dem Reliquienschrein seiner Erinnerungen, bewahren …

Die Zeiten, in denen man als Brillenschlange durch die Schulzeit ging, sind lange vorbei. Inzwischen ist eine Brille für junge und alte Menschen wieder ein Schmuckwerk, für das man gern auch mehr als 2,50 Euro zahlt.

Dieser schöne Konsolstein aus dem Chorumgang des Domes St. Marien zu Fürstenwalde ist um die Mitte des 15. Jahrhunderts gefertigt, und ohne Brille vermochte der Steinmetz diese Feingliedrigkeit und Detailtreue wohl kaum aus dem Stein zu formen. Leider schaut das Gesicht aus mehr als zwölf Metern Höhe auf uns herab, und so sind diese Feinheiten nur schwer zu erkennen. Jedenfalls zeigt dieses Kunstwerk augenscheinlich, welch ein Schmuck eine Brille doch sein kann. Sie war schon damals – und sie bleibt ein ästhetisches Instrument. Interessiert und intensiv schaut uns dieses Gesicht an und wir schauen zurück – und merken: Blicke können manchmal auch Löcher bohren.

Wenn man nun lange genug hingeschaut und seine Stirn nachdenklich in Falten gelegt hat, dann darf man sich die Früchte seines Sehens und der Erkenntnis genüsslich auf der Zunge zergehen lassen … Ein Zweiglein vom Baum der Erkenntnis …

Martin Haupt

Fürstenwalde, Landkreis Oder-Spree, Dom
Konsolstein, Mitte des 15. Jahrhunderts
Foto: Klaus Arnhardt

Wie eine Seifenblase

*D*ie Seifenblase des kleinen Engels will nicht platzen. Seit über 260 Jahren hängt sie an dem Röhrchen, mit dem er die Lauge aus dem goldenen Schälchen gesaugt hat. Mit seinen pummeligen Schenkeln hat er sich auf das Grabmal des Christian Wilhelm von Thümen in der Kirche zu Blankensee gesetzt. Ihm gegenüber sitzt sein weinender Zwilling. Die Engelchen tragen ihren Streit um das Spielzeug völlig ungeniert über den Kopf des Geheimen Rats, Kreis-Hauptmanns und Kur-Obersteuer-Rats hinweg aus. Der linke Engel ist als Sieger hervorgegangen und schielt an der Seifenblase vorbei zum Bruder, weidet sich an dessen Ärger. Seine linke Hand liegt lässig auf dem Ende eines blauen Bandes, aber von der Inschrift dieses Bandes lässt er sich nicht beirren: „Trachtet nach dem das droben ist" – der Engel trachtet nur danach, seinen Zwilling zu ärgern. Was machen die beiden auf dem Grabmal eines hochverdienten Mannes, der „im 78. Jahr seines ruhmvollen Alters in seinem Erlöser sanft und selig verschieden" ist? Der „aus einer dreifachen Vermählung 18 Kinder und 19 Enkel erlebet" hat?

Betrauert hat ihn nur sein „noch übriger einiger Sohn" August Christian. Hoffentlich haben ihn wenigstens einige Töchter überlebt. Wie viele Söhne hat der hohe Herr zu Grabe getragen? Zarte Wesen, unfassbar kurz die Zeit, die ihnen auf Erden gegeben war. Kleine, schillernde Seifenblasen. Hat es im Haus des Christian Wilhelm von Thümen überhaupt freche Jungs gegeben, die sich um ein Seifenschälchen streiten konnten? Oder war es die meiste Zeit viel zu still? Aber auf seinem Grabmal, da streiten sich die Engel, und die Seifenblase will und will einfach nicht platzen.

Ute Sauerbrey

Blankensee, Landkreis Teltow-Fläming, Dorfkirche
Putto an einem Epitaph, um 1750
Foto: Heike Schulze

Für die Armen

Der Weg vom Nordbahnhof zum Sophien-Friedhof in Berlin-Mitte führt vorbei an schäbigen Nachkriegs-Neubauten. Stumpf wirken die Fenster in den schmuddelig kahlen Fassaden. Man mag dahinter nur Elend vermuten. Die ganze Gegend ist trüb: eine Mischung von verlassenem Bahnhofsviertel, unaufgeräumter DDR-Tristesse und neuer Armut, die ihrem Zorn mit Spraydosen Luft macht. „Invalid Beach" – krankes Ufer haben Überlebenskünstler ihre Installation in einer Baugrube getauft. Das passt. Früher einmal muss es hier gewimmelt haben von mittellosen Menschen. Die Wohnverhältnisse sollen schrecklich gewesen sein. Aber der Sophien-Friedhof selbst war auch damals schon ein Ort großstädtischer Würde. Musiker, Philosophen, Stadtplaner fanden hier ihre letzte Ruhestätte, auch die Diakonissen aus dem nahe gelegenen Lazarus-Krankenhaus. Große Wandgrabmale und Mausoleen zeugen davon, dass betuchte Bürger hier aus- und eingingen. Es lag nahe, sie auf das Elend vor der Tür aufmerksam zu machen. Dazu diente der kleine Bronze-Engel am Eingang des Friedhofs. Seine Gestalt erinnert an Andersens „Mädchen mit den Zündhölzern". Schwer lastet die wuchtige Spendenlade auf seinem Knie: „Für die Armen", war einmal auf einem Messingschild davor zu lesen. Mahnt nicht das schnöde Schloss in der Mitte der Kiste, dass der Zugang zum Himmelreich für die Wohlhabenden übers Abgeben führt? Freilich, der Engel ist wirklich klein. Wer sich erbarmte und ein paar Groschen in den Schlitz steckte, musste sich tief hinab beugen. Eine Geste der Herablassung? Oder der Demut? Keine Geste jedenfalls, die die Verwalter in der DDR billigten. Das Schild „Für die Armen" musste entfernt werden. Arme sollte es im Arbeiter- und Bauernstaat nicht mehr geben. Die Gegend um den Friedhof herum erzählt vom Misslingen der Absicht. Doch der kleine Engel kniet immer noch da und hält die schwere Kiste. Wie muss ihn das Knie schmerzen!

Angelika Obert

Berlin, Sophien-Friedhof
Bronzeengel
Foto: Antje Gräfin Hardenberg

Auf steinernem Kissen

Schwer lehnt er an der Feldsteinmauer. Er spürt, wie es hell und dunkel wird. Wie der Stein manchmal warm wird, fast so warm wie das Fleisch und Blut, das er einmal war. Und manchmal eiskalt ist und feucht wie eine Kerkermauer. Er weiß nicht, sind es Tag und Nacht, die sich da abwechseln, oder die Jahreszeiten, die an ihm vorbeiziehen. So lange steht er hier schon. Die Jahrhunderte fließen ineinander, verschwimmen hinter dem grünen Algenschleier, der ihn bedeckt. Irgendwann haben sie ihn hier aufgerichtet, mit eisernen Klammern festgemacht an der Ostseite der Kirche von Rosenhagen in der Prignitz. Seither hat er ein bisschen Angst, vornüber zu fallen. Mit den Händen klammert er sich an das steinerne Kissen, auf dem er doch eigentlich liegen sollte, so hat der Steinmetz es gedacht. Was würde er darum geben, wenn er sich umdrehen könnte! Noch einmal das vertraute Gemäuer sehen. Dunkel erinnert er sich, dass etwas passiert ist mit dieser Kirche, in der er getauft wurde, Hans Caspar von Platen, im Jahr des Herrn 1678. Eine Mauer hat man gezogen, die Kirche halbiert, die westliche Hälfte hat schon lange kein Dach mehr, ringsum zertreten Schafe die feuchte Wiese – das will er gar nicht sehen. Er will das Bild im Herzen behalten, das er in sich getragen hat in den langen Jahren in der Fremde. Zwölf Jahre war er jung, als er Page am Hof des dänischen Königs wurde. Für ihn ist er in den Krieg gezogen, hat ihm treu gedient, bis er plötzlich in der Nacht vom 27. bis 28. August 1713 „zur unverschuldeten Verhafdt gebracht worden", ins Gefängnis geworfen wurde. So steht es auf seinem Sarkophagdeckel, der nun zu seinen Füßen im Erdreich versinkt. 13 Jahre hat er abgesessen, nicht einen Tag hat man ihm erlassen. War es in diesen Kerkerjahren, dass ihm der Bart gewachsen ist? War es ein Gelübde, sich den Bart nicht mehr zu scheren, bis er, von allen Vorwürfen reingewaschen, wieder ein freier Mann sein würde? 13 Jahre, in denen sich Brust und Bauch mit der lockigen Pracht bedeckten. Bis zum Gürtel reichte ihm der Bart, als er endlich wieder in der Heimat ankommt. Er ist knapp achtundvierzig Jahre alt, 36 Jahre ist es her, dass er Rosenhagen verlassen hat. Ein paar Wochen später legen sie den bärtigen Mann auf sein Kissen aus Stein. Es ist alles schon so lange her. Die Schafe blöken. Vor seinen Augen ein grüner Schleier.

Ute Sauerbrey

Rosenhagen, Landkreis Prignitz, Dorfkirche
Figürlicher Grabstein von 1727
Foto: Tilmann Kuhn

Engelsmusik

„Warum können Engel fliegen? Weil sie sich selbst leicht nehmen". Beim Anblick dieser musizierenden Engel wird mir leicht ums Herz. Selber beflügelt halte ich stille, staune, freue mich, sehe und höre Musik. Was für helle, klare, menschenfreundliche Gesichter. Die Augen sind eher geschlossen. Diese Engel sehen und horchen in sich hinein. Selbstvergessen sind sie sich selbst genug. Alles ist Musik. Die kleinen Engel in einem solch großen Dom: Erfüllt von den Klängen füllen sie den Raum mit Tönen. Hingegeben an die Musik, aber nicht in Ekstase. So bleiben sie gehalten, sind sie Meister im Lauschen und im Spielen. So leicht ist das alles.

Und was ist das für eine Hierarchie? Die Orgel, die Gambe, die Laute – von oben nach unten fallen die Töne. Aufgefangen von den englischen Gewändern, weitergegeben an den Nächsten. Die Orgel ganz oben, ist das schon die „Königin der Instrumente"? Und alle Hände sind in Bewegung. Jede Hand für sich und im Einklang miteinander. Die da oben hält die Orgel mit der einen und greift in die Tasten mit der anderen. Die in der Mitte führt den Strich des Bogens von unten nach oben und wieder zurück. Und die da unten zupft die Saiten mit leichter Hand und bringt und hält alles in der Waagerechten. Nein, nicht Hierarchie – ein Ensemble, abgestimmt und eingestimmt aufeinander macht hier Musik, Engelsmusik.

„Lobt ihn, alle seine Engel!" (Psalm 148, 2) Die Bibel ist voll von singenden und musizierenden Engeln. Und die himmlische Liturgie findet ihr Echo in der irdischen Liturgie der Gemeinde. „Die Gemeinde der Heiligen soll ihn loben". (Psalm 149, 1) In der bildenden Kunst lassen sich um 1100 erstmals in England musizierende Engel nachweisen. Die so anmutig musizierenden Engel im Dom zu Havelberg sind aus der Zeit um 1430. Im Chorgestühl steht parallel zum Lettner ein „Zweisitz". Für wen sind diese zwei Sitze in einem Ziergehäuse aus massivem Eichenholz? Auf der Linken sind Mose und Aaron zu sehen. Sind sie als die alten Wortführer die Anleiter für die Texte? Und daneben die drei musizierenden Engel. Sind sie die Anleiter für die Musik? Was für eine seltene Eintracht im Gesamtkunstwerk Gottesdienst!

Peter Freybe

Havelberg, Dom
Musizierende Engel, um 1430
Foto: Heike Schulze

Das Kind und der Vogel

$\mathcal{D}$irekt an der B 107, fünf Kilometer südlich von der alten Klosterstadt Ziesar, liegt das Dorf Buckau, dessen Anblick von einer großen romanischen Feldsteinkirche beeindruckend geprägt wird. Im Kirchenraum wird man schnell als Blickfang den gotischen Schnitzaltar von 1420 erkennen. Dort wiederum geht der Blick zur Mitte des Altars: Fünf Frauen lächeln die Betrachtenden vorsichtig an. In jeder Ecke eine – die heilige Katharina, die heilige Dorothea, die heilige Barbara und die heilige Gertrud. Sie umrahmen Maria. Sie ist die größte und strahlendste von ihnen. Ihrem Lächeln gelingt es, für einen kurzen Augenblick von dem auf ihrem Arm sitzenden Jesuskind abzulenken.

Leicht, fast gewichtslos scheint das Kind zu sein. Es lächelt wie die Mutter. Und es hält einen Vogel – fest und vorsichtig zugleich, mit beiden Händen. Jetzt haben die Augen ihr Ziel gefunden. Das ist also der Grund, der dem Altar den Namen gegeben hat. Es klingt etwas umständlich, aber die Sache ist es wert: „Der gotische Schnitzaltar mit Maria und Jesuskind mit Vogel", heißt es in der kunstgeschichtlichen Literatur. Am Ende ist es der Vogel in der Hand des Jesuskindes, der dem Altar seine Eigenart gibt. Dieser Vogel reizt zum Nachdenken: Was bedeutet er in der Hand des Kindes? Es gibt die These, dass er ein Gold oder Distelfink sein könnte. Eine Vogelart also, die sich von Disteln ernährt. Damit würde auf die bevorstehende Leidenszeit des Gottessohnes angespielt. Ein Distelfink ist so groß wie ein Sperling. Dieser Vogel in der Hand des Kindes aber hat ungefähr die Größe einer Taube. So liegt der andere Gedanke näher, der auf eine der Legenden anspielt aus den Apokryphen des Neuen Testaments. Dort wird erzählt, dass der kleine Jesus aus Lehm geformten Vögeln das Leben einhauchte. So zeigt sich in dem Vogel die Schöpferkraft des Gottessohnes.

Ja, so sieht er aus, der taubengroße Vogel – frisch zum Leben erweckt durch die Hand eines besonderen Kindes. Und nun gut behütet in dessen Hand sitzend. So leicht, wie das Kind selbst auf dem Arm seiner Mutter.

Friederike von Kirchbach

Buckau, Landkreis Potsdam-Mittelmark, Dorfkirche
Schnitzfigur, um 1440
Foto: Heike Schulze

Das Ende wird gut

*E*in Engel ist bei der Ernte. Aufmerksam und zufrieden blickt er hinab auf die prall gefüllten Ähren. Behutsam führt er die Sense, und fast sieht es so aus, als neigten sich die Halme erwartungsvoll dem Schnitt entgegen. Die Ernte wird gut.

In der Kirche des ehemaligen Gutsdorfs Marquardt – jetzt ein Ortsteil von Potsdam – befinden sich im erhöhten Chorraum drei große Buntglasfenster mit biblischen Motiven: Auf dem linken Bild wirft ein Bauer Samen aufs Land, rechts wird das gereifte Korn geerntet, und in der Mitte ist Jesus als der gute Hirte dargestellt. Friedliche Bilder, und doch handelt das scheinbar so idyllische Engelbild vom Jüngsten Gericht: „Die Ernte ist das Ende der Welt. Die Schnitter sind die Engel" heißt es in Bezug auf die Gleichnisrede „vom Unkraut unter dem Weizen" (Matthäus 24ff; 39). Ganz am Ende, da aber gewiss, wird das mitgewachsene Unkraut vom Weizen geschieden, das Böse überwunden. „Dann werden die Gerechten leuchten wie die Sonne."

Vielleicht hat niemand dieses Bild mit mehr Verständnis betrachtet als der Geheime Kommerzienrat Louis Ravené. Er hatte als Gutsherr und Kirchenpatron der Gemeinde eine neue Kirche gestiftet, die im Herbst 1901 eingeweiht wurde. Der Name Ravené aber, seit Generationen eine angesehene Berliner Familie, war auch mit einem Gesellschaftsskandal verbunden, der die Beteiligten für immer belastete. In den 1870er Jahren hatte Louis Ravenés Mutter ihren Mann und drei noch kleine Kinder verlassen, die Scheidung durchgesetzt und bald darauf wieder geheiratet. Heute erinnert die Broschüre einer Enkelin daran, dass diese Therese Simon, geschiedene Ravené, das Urbild der Titelfigur in Fontanes Roman „L' Adultera" war. Und erzählt wird eine Geschichte, in der Verlassenheit und Bewahrung, Schuld und Segen, Trauer und Licht so miteinander verwoben sind, dass sie an das biblische Gleichnis vom Unkraut unter dem Weizen erinnern kann.

Das Bild hinten rechts in der Kirche zeigt nur noch die reiche Ernte. Das Unkraut ist schon abgetan. Das konnten nur Engel tun. Und noch als Schnitter zeigen sie: Das Ende wird gut – bestimmt auch in Marquardt.

Heinz Leschonski

Marquardt, Potsdam, Dorfkirche
Buntglasfenster, 1901
Foto: Heike Schulze

Autorenverzeichnis

Matthias Amme, geboren 1959, Pfarrer

Heilgard Asmus, geboren 1958, Generalsuperintendentin

Christine-Maria Bammel, Dr., geboren 1973, Vikarin

Mechthild Falk, geboren 1956, Pfarrerin

Jan Feustel, Dr., geboren 1951, Journalist und Buchautor

Peter Freybe, geboren 1940, Pfarrer i.R.

Theodor Fontane, 1819–1898, Schriftsteller

Annegret Gehrmann, geboren 1959, Pfarrfrau, Vorsitzende des Förderkreises Alte Kirchen der Luckauer Niederlausitz

Martin Haupt, geboren 1955, Pfarrer

Friederike von Kirchbach, geboren 1955, Pröpstin

Antje Leschonski, geboren 1941, Buchhändlerin

Heinz Leschonski, Dr., geboren 1932, Oberkonsistorialrat i.R.

Henrik Leschonski, Dr., geboren 1966, Germanist

Angelika Obert, geboren 1948, Pfarrerin, Leiterin des Ev. Rundfunkdienstes, Bereich Berlin-Brandenburg

Frank Pauli, geboren 1933, Journalist und Buchautor

Ute Sauerbrey, geboren 1972, Theologin und Journalistin

Ulrich Schöntube, Dr., geboren 1973, Pfarrer

Rüdiger Frhr.von Schnurbein, Dr., geboren 1971, Museumsleiter

Herbert Volker, geboren 1937, Pfarrer i.R.

Uwe Weise, Dr., geboren 1969, Pfarrer

Werner Ziems, geboren 1956, Diplom-Restaurator

Antje Leschonski (Hg.)

Engel
Stifter
Heilige

Schätze in
märkischen Kirchen

wichern

Antje Leschonski (Hg.)   Wichern-Verlag
Engel, Stifter, Heilige. Schätze in märkischen Kirchen
64 Seiten, 28 farbige Abbildungen, gebunden; 9,80 Euro
ISBN 978-3-88981-201-8

S. 54